AF398491

MITTEMELLAN

Förlag och tryck: BoD

ISBN: 9 789174 638288

Ni som fångar känslor med håvar
ringmärker stillbilder till ord
öppet inreder vinglösa farkoster
där hjärtat välkommet blöder ut
tryckutjämnande syre till fångna
passagerare som pilot

jag skäms inte för att applådera
varje start och landning utav er
inte av lättnad, utan i beundran för
ert oerhörda mod och som tack
för att jag fick vara er passagerare
genom sol och regn, flygande
i naken turbulens

solblixtar till era hjärtan

/Robert

er passagerare och pilot

I

Sinuskurvan

Att inte veta
om man kan
vill eller vågar
men göra det ändå
arytmier
får mig att söka
nästa bokstav
nästa mening
den som stillar
den som lindrar
en aning
tryck
ENTER
och iväg

Ringar om att skriva

Hellre det löjliga i att skriva dikter
utforska och söka greppa
framstå som en idiot
än att avstå
och rent faktiskt vara det
och sedan, egentligen
vad ska jag med ett anpassat yttre till
ska jag inom en radie av fyrtioen mil
spegla mig i böjda speglar
tappa mig själv i andras skärvor
hamna evighetslångt från sannhet
ska också jag tappa mitt jag
klyschigt inringad
låta påskina att jag är fri som fågeln
tända upp fjortonhundra meningslösa missiler
och skjuta verkanseld mot grus
ställa upp tomma band
i bokhyllan Filosof
istället för att söka kärnans kärna
inuti kärnans kärna
inuti kärnans kärna
inuti kärnans kärna finns där
punkten som sätter punkt
kapseln som spränger alla begränsningar.

Atmosfär

Tejpa över din skugga
trampa fast den mot gatan
som tidningarna
vilka vill påtvinga dig en identitet
känn lukten av den oljiga asfalten
när de första dropparna slår
bli kvar där
och låt vattnet falla
se massan dra undan
låt alla lögner bli till fragment
och dra sig mot kloakerna för dina fötter
rör dig sedan oisolerat och fritt
som en solstorm
och låt din sträva tunga
som frukt svetta regnet
och äta sig mätt

Gråskala

Du skriker åt mig
likt kvartersmästaren
på ett galärskepp
fyller mig med tvivel
om den här båten
någon gång kan förmås
stäva mot hamn
men jag ror ändå
rytmiskt till trummor
utan sikte
när inte ens en fågels
löfte om land
ändå drivs jag
präglad sen liten
av sociala piskor
säg mig
finns det andra vägar
än trummor och bojor
tror jag vill veta
utplottrad kurs
finns den ens
eller gör vi bara som raden framför
driver runt
fäster stumt blicken i spända nackar
och drar rytmiskt
i bojor

Skriv om vackra saker

Skriv om vackra saker sa de
skriv om solen
ljumma vindar
och ett slumrande hav
skriv om barnskratt
färgglada plastbollar
och om rusande dagar
skriv om ljuset sa de
men något var rämnat
min syn låg nedkastad
i avgrundsdjupa insikter
och fängslade mig med sin blick
jag visste inget om barnskratt
min törst var inte längre
mer än ett medvetet reglerande
men jag satte mig ändå
försökte och tittade över mina papper
där bokstäverna låg plågade
som reumatiska termiter
och håligheterna kring kropparna
de vita öar som gick att utläsa
var treenigheten som förde mig hit
mina vänner och min hund
plåster över något sorts liv
och det vackraste jag vet
blinkande lampor
en räddningsbåt
över ett hav av bläck
för mig mot land
och lär mig att skriva
lär mig att skriva om vackra saker

II

Isolerar

Jag rör mig ut
och dagen beslöjas
molnen växer
de tvingar mig till betäckning
ner mot mitt hus
där jag hemtamt rör mig
och staplar mörkret
i meterprecisa högar

Veklagans Ellips

Vi satte kurs mot måttlösheten
bort från månatliga lönebesked
och daglig tandvärk på tub
ändå plågades jag av svåra tankar
avskyns illaluktande vindar
tog sig in och vädrade mitt förnuft
släpp det där, sa du
klipp dina förtöjningar av luft
blås ut
nu kastar vi ut
strandremsan där vi legat ankrade
försvann melankoliskt
till där inget längre var
mer än grus

Råd till liten

När jag var sju
tyckte jag synd om
dem som var fyrtio
nu är jag fyrtio
och tycker synd om
dem som är sju
och jag skulle vilja säga att det blir bra
att det ständigt blir bättre
men så går ingen lag
vid en ännu icke bestämd tidpunkt
så blir förmodligen allt bara sämre
till den dag du dör
och då vet jag inte
men följer det samma mönster
blir det fruktansvärt
så håll dig på den tredje planeten från solen
håll dig där så länge du bara kan
men jag säger ändå
att det kommer bli bra
men vill egentligen förbereda dig
och säga att om du har ont
värker det i ditt bröst så skriv
skriv om de förödmjukelser du tvingats utstå
skriv om hårda ord riktade mot dig
skriv om piskrappen på din rygg
skriv om en burk vita bönors ensamhet
i ett annars tomt skafferi
skriv om förlegade utgångsdatum
skriv om Bishops Finger om du tycker om det
skriv om kärleken om du hittar den
och om ditt värkande hjärta om du tappar den

skriv om falskhet
skriv om ormar
skriv om anustejpning
och hur det korrelerar till finanshajar
skriv om all sorts fulhet runtomkring dig
skriv om vad du vill, det är din rätt
lär dig känna makten i det
och skaffa dig en hund
hundar är änglar och förstår mer än du tror
allt detta lindrar
så även om du är strandsatt helt ensam
skälver av rädsla och hackar tänder en stjärnklar natt
så kommer inte rädslorna eller vågorna dränka dig
och ibland så kan man där hitta en skyddad plats
bakom några klippor eller nåt och man kan tända en eld
värma sig
grilla korv
marshmallows
majs
banan
eller bara vitt bröd om man tycker om det
dricka öl, få lite lugn och ro
och det kan faktiskt vara rätt okej i perioder
och man hittar kraft inför nästa helvetesvåg
och var än du tvingas sätta ned dina fötter
kommer din hund alltid följa dig
och det ligger en stor tröst i det
och det är vad jag egentligen menar
när jag stryker ditt hår
och blåser på din värkande tumme
och säger att allt kommer att bli bra

Statiska energier

Minnena kommer till mig
de glimrar som snön
där jag rör mig i månljuset
likt ett sändningsslut
från en förmiddag i Cortina D'Ampezzo
det är den 10 mars 1980
och Ingemar Stenmark
har nyss avslutat sitt andra åk
lektionen är över
och jag vänder mig
mot det som tände tankarna
månen med minnena
"You can leave the light on"

Krökt blick

Ett pistolskott en januarinatt
som av barn omhuldad kristall
gestikulerar endast stjärnorna
blixtbudskapet om förlupen tid
och i ett trapphus
möter valkfria händer
en slägghammares krav
bakom den portabla ringklockan
ett enmanskorståg
ett jehovavittne i munkorg
och en frälsande tystnad
så färdas vissa sanningar
tydligt påträngande
och så självklara
att endast den
som bär epitetet dåre
endast den som förvägras tillhörighet
erbjuds rätten att se
öron att lyssna med
förnuft till att bjuda in
och förstånd att begripa
sammanhang

Trumslagargrannen

Där stod vi i dunklet med vårt avfall
exemplariskt tillknutna bland kulörta sopkärl
jag och min granne Sune, för dagen lite trevande
och på min fråga hur det var
delgavs jag dessa skärvor av innehåll
de jävlarna har gett mig förföljelsemani
en av Sveriges ledande moderater stal en skruv
och på det kommunala planet försvann min tomt
med tillhörande nyrenoverad stuga
det lilla av tilltro till kvinnor
som mitt hjärta rymde
smetade min fru ut över hela stan
mina barn betraktar mig som död
och den enda som vandrade vid min sida
tvingade grannens Bmw att kyssa asfalten
Jacky, min trofaste finns nu inte mer
och jag har nyss fått diagnosen diabetes
nej, jag skall låta köpa en sådan där avlivarhistoria
en revolver
med tolv kalla roterande rum
och de rummen ska jag fylla
och jag ska trumma
min Gud så jag ska trumma
jag ska trumma till alla inneboende tolv är vräkta
och bara rök och tystnad finns kvar
jag hör vad du säger Sune, sa jag
slängde mina sopor och tillade
se bara till att osäkra
innan du lägger an
mer tryck

Grannyra

De vill lära oss ta plats
stå upp och spetsigt vässa
bredkäftigt i pärlemorvitt
uppmanas vi förverkliga oss själva
men det vi inte får lära oss
vad de inte vill berätta
är om kampen, förnedringen
det tärande, sjukdomarna
självmorden
om ensamstående Marie
som med hinkar fulla av ensamhet
värkande gråter sig igenom
sina fyra garanterade
trappmoppande timmar
eller de tre tidigare statligt anställda
kvinnorna i sextioårsåldern
som med ryggproblem inskrivna på Fas-3
tvingas kompetensbreddas
genom kurser i skogskunskap
eller om sextiotvåårige Lasse
på Willys i Säffle, expedierande kassakö tre
med åtta år kvar till pension
ständigt leende
med sju felvända streckkoder i rad
från en inslagen hagelsvärm i sin gom
också det alla platser att fylla
en grannyra, där alla kan vinna
de vill bara inte berätta om alla nollor
som alltid står bakom, ett före

Klipper luft

Ni ville ha in mig i ordentlighetsboxen
krävde att också jag skulle avgränsa mig
dimmigt strömma omkring
i ett ammoniakdoftande kallbadhus
men jag rev och slet
satte mig på tvären och sa
där är avföring och urin
där ni går och står i era boxar
känner ni inte det, ser ni inte detta?
den där blir bra för honom, sa förmannen
och hötte ut mina avgränsningar
så fann jag mig mot min vilja i mitt utrymme
men jag lyckades med tiden dra upp mina armar
lät händerna omsluta min hals
lät mina pianofingrar krama ur ouvertyren
mot crescendot bortom
ett krampande stickande
innan jag så som en dirigentpinne
självförlöst föll ner och allt tystnade
kvar fanns mitt skal
ordentligt
och stilla

Rallarros

Som räls ligger jag fastsylad
och jag försöker färdas
försöker ta mig någonstans
när all världens vapen tynger
och går över mig
som en skarv
mot ett krig
rör jag mig nästintill omärkligt
men jag rör mig
bort från det påtvungna
och det finns nog ändå hopp
finns faktiskt styrka
finns faktiskt vackra människor
en motståndsrörelse
som kassörskan i lågprisvaruhuset
som på årets första sommardag
och trots sin hjärtesorg
bakom sitt band slår in mina varor
omekanisk dröjer hon kvar lite för länge
med en blick som skvallrar om förlåtande acceptans
och hon rör sig mil från dunklet där hon sitter
hon återtar mark, trotsar självsnurrandet
och ger mig ett leende, önskar mig en trevlig dag
innan jag går ut
och slamret bryts
tystnaden försvinner
kvittret från fåglarna
omsluter mig som sammanpackat dun
och som solen värmer mig
tänker jag att det finns faktiskt hopp ändå
och helvete vad det spirar

Torgmöte

Jag känner henne till mer än hennes namn
känner igen hennes blick, föraktet
inför att jag står och samtalar med mannen där på bänken
han med det vildvuxna skägget
med de grågula stumparna där innanför
de som han gnisslande visar upp
varje gång efter att han tagit en klunk ur sin flaska
och jag föraktar hennes förakt
föraktar allt det falska som hon står för
men det fanns faktiskt en tid
då jag trodde på allt det hon visar upp
trodde på
att den vackra ytan
representerade ett medvetet sunt inre
jag hade fel
jag har ofta fel
det var tvärtom
och mannen lösgör sig kort från sin flaska
han slänger upp en arm och vinkar vänligt till henne
och hon trycker upp sina glasögon
och sätter näsan mot himlen
sedan vänder hon huvudet mot torgets klocka
och mannen tittar på mig och säger
ta det lugnt
hon har sitt
du har ditt
jag har mitt
sedan vrider han upp sin Explorer mot molnen
och jag försöker släppa min egen fulhet som vill ut
men kan ändå inte låta bli att tänka
att en dag
kommer en maska att gå i hennes falska strumpa
och allt fult som där pockar på och vill ta sig ut
det kommer svällande visa hennes sanna jag

och ingen pushup, makeover eller kirurgi
kommer någonsin kunna stoppa detta
och mannen som jag pratar med
han som jag tycker så mycket om
han kommer att sitta kvar där på sin parkbänk
vacker i sin sanning
och i mina ögon, totalt oförstörd

Råd till ängslig

Låt beställa en gravsten
låt sedan på tillbörlig sten
ditt namn och födelsedatum ristas in
placera sedan denna sten
bredvid din platta tv
och låt dina tankar vandra
mot vad din granne Folke
skulle tycka om du gick
en språkkurs i persiska
eller om du blev vegetarian
och köpte en Hummer
med en motor på 5.3 liter
eller om du gud förbjude
började skriva poesi
eller drack tre stadiga glas whisky
varje dag före tolv
titta på den där stenen
förstå att den tvingar dig
att skifta dina perspektiv
och plötsligt spelar inte längre
vad Folke, eller folket tycker
någon större roll
så länge de sista siffrorna
där inte finns inmejslade
och du slutligen
ändå tvingas att skifta
dina perspektiv

Jordstam

Snart har jag levt ett helt liv
med denna enda fråga
världsalltets stora, det passerade
också genom min navelsträng
men jag finner fortfarande
trots att jag odlat och försökt driva upp
där inget på ytan mer än mull
men musiken spelas ännu
män flexar med sina muskler
kvinnor slänger runt förföriska blickar
och barnen skrattar
jordaxeln lutar på samma sätt
tvåtredjedelar
förljugna girigbukar, lögner och hat
ekonomi och väder
följt av krig och elektronik
och i mig går Bergmankarusellen runt
och jag ställer mig själv samma fråga
vad fan skulle jag här och göra
egentligen

IV

Hamstertramp i Colorama

Om lycka är att placeras i en vacker vas av glas
och se solljus brytas till olika färger runt fötter
rött, gult, grönt, blå runt balk grå cirkulation

mitt i en karusell

då finner jag mig hellre här på torget
svajande med min svarta skugga
rakt ner till vänster

Politiksatellit

Satelliten bryr sig inte om rymden
bryr sig inte om ozonlagret
bryr sig inte om utbredande öknar
bryr sig inte om solen
som värmer tysta skallerormar
bryr sig inte om banksaldon
bryr sig inte om amputering
död bortfall och sorg
bryr sig inte om kommunikationen
eller utvecklingen
som löper genom dess kropp
allt satelliten bryr sig om
är ingenting
som navelsträngslöst
kastas runt
som val till väljare

Strike

På våningen ovanför
satt fyrkantiga meningslösheter
ledamöter pillade och fnös runt
betong ur fnasnäsor
fyraåriga kulvertplaner drogs upp
sammanträdet lyfte frågor
som medborgarnytta
ökad produktivitet
och tidsmässig regelbundenhet
detta serverades
oss kvarlevande
som ett cementerat klagoband
opoetiska gråkulor
blekta kråkor
ett böneutrop
kom rullande neråt
mot oss
människor med humor
livsfarligt, fnös de
gjorde noteringar i sina protokoll
och tillade sedan
ställ in er i ledet
människor möt upp
stämpla grått
kryssa
erbarmliga as

Bearnaise

Ingen ser eller känner längre något
ingen vill överhuvudtaget veta
kvar finns bara härsket förljuget kött
vilket dolt bäddas in i en social sörja
där allt som räknas är att ytan
doftande skall te sig välsmakande

över spann av bearnaisesås slafsas det
där har jordens alla hyenahuvuden
sin kongress i bottenlösa latrinhinkar
och enda ekot när allt ruttet flottigt sväljs
är ljudlösa stänk uppefter väggarna
axelryckningarnas rester till små gula
utspridda kvarlämnade solar
likt ett färgblindhetstest för de skitblinda

men kan det verkligen bara vara jag
som luktande kan se denna förtäckta dyngas
ledtrådar till ringar växande sprida ut sig
till ett åttiotalsmönster över en helt vit tapet
förstår ingen alls hur jävla illa det är ställt
under alla dessa oljigt stelnande små solar

Mayday, Mayday Exxon Valdez!
skrapa bort denna förbannade bearnaisesås
börja med att åtminstone försöka ta in odören
och snälla ni lämna för guds skull ingen dricks
vi har lyxfällan stående för dörren

Avsminkat

Du måste förstå att varken
jag eller du står i centrum
där finns något annat
viktigare
än dig och mig
viktigare
än röda lappar
på kicks kosmetik
du förstår
lager dras av

Alltid någon annan

Finansministern behöver inte ta sms-lån
för att slippa möta sina barns besvikna blickar
de rödgråtna ögonen tillhör någon annan
där står, alltid någon annan
arbetsmarknadsministern behöver aldrig fylla i kassakort
eller plikta med sin kropp inom låglönejobb
där bakom pennor utan bläck
bakom trötta värkande kroppar, står
alltid någon annan
vapenindustrin och dess lobbyister
vars glättiga montrar
framställer krig som avlägsna dataspel
behöver aldrig bära sina lemlästade barn
hem över minfält
deras verklighet behöver aldrig brisera
där exploderar
alltid någon annan
och för att upprätthålla en förslavande ordning
säger vår statsminister
att det ska löna sig att arbeta
att ingångslöner måste sänkas
och bidrag krympas
att arbetskraften ska vara stresstålig och mobil
och är det så att någon inte riktigt fixar kraven
så stöps denne till något annat
något avskräckande diffust, i formen av
alltid någon annan

men det finns andra som har det än värre
mycket värre
titta på Kongo
där verklig nöd existerar
där går någon annan
alltid
alltid
alltid
alltid någon annan

Historien om det som sprängdes

Jag försökte tänka bort jaget
något som inte är helt enkelt
när man har ett visst hopp
när man är på väg
bort
med en trisslott i sin hand
och ställs inför detet
för där rymdes också det
fast det egentligen
inte fanns någon plats för det
vissa säger till och med att det inte finns
fast kanske ändå lite
ungefär som ett grått regn
som alltid ska störa och ta sig in
oavsett hur man viker upp sin krage
finns det där och sköljer bort ens energi
och där framför mig var det
inte ens bedjande
bara ett gungande huckle
en kropp på knä
det som vissa vill säga är falskt
och bara ett spelat jag
ligor fyllda av mercor, iphones
guldkedjor och falska lytta
nu satt det ändå gungande framför mig
och jag vet inte om det var vinden
en finmuskulär rörelse
svett, förakt, min dåliga humor
eller om det var av omsorg
som jag lät min lott falla
mot de silvriga kungaavbilderna
i den gulgråa pappmuggen
men hopplöst ljudlöst föll den ner
medan jag hörde mig själv säga, buona fortuna

och ett mycket runt ansikte tittade fram
med ögon som fruktgranater
över en trubbig liten näsa
urtvättat och enstavigt sa det, Grazie
men kort senare färgades regnet
detet lyste upp
som om jag var rolig på något sätt
annorlunda
nästan avvikande, fick jag för mig
och med ens blev hon den förläget fnittrande flickan
och jag visste inte riktigt hur jag skulle bete mig
eller vad jag skulle säga till detet
så jag sa, mi chiamo Robert
och ganska snart var vi inne i ett samtal
jag inte förstod så mycket av
men hennes fnissande var äkta, ögonen strålade
värmen och glädjen briserade
spred sig som en sjukdom till mig
och det bubblade i mitt bröst
när jag fann mig i min bil
och försökte tänka på
hur det, egentligen blev till ett jag
blev till Maria från Rumänien
av en gul trisslott
som likt en historiebok la sig tillrätta
och skänkte hopp om andra band
värmda var vi,
ett par silvergrå konungar och jag
av granatögonens briserande splitter
av Maria,
en fnissande flickas utsträckta hand

I mitten av Själa

Oavsett var världen spydde ut dig
med alla dina mänskliga tvivel
så söker du förmodligen sammanhang
ett ord som spänner runt hela vår jord
och det må vara på ett otryggt ställe
som ett krigshärjat Syrien
eller från handen du stammar, din gud som du säger
till där du nu bor, en norrländsk kuststad
en bergsby i Tchad, eller från Översjäla, där jag bor
fast jag nu nöjer mig med att säga Själa
något av ett mål som man kan hitta i Damaskus
Kramfors, Aleppo, Härnösand, Baghdad, Umeå
Goma, Örnsköldsvik, eller Dadaab
något som inte tar hänsyn till de eller dem
där själva målet är innebörden
ett sken som oavsett landskap bryts likadant
men vad gömmer sig där, om vi står under dess trissa
exakt i mitten av oss själva
är inte det sammanhanget
jag undrade, att få tillhöra
känna oss älskade, bli respekterade
åtminstone lästa, till en mån förstådda
kanske också av oss själva
så ser åtminstone mitt landskap ut
där jag för dagen sitter
något för högt placerad över mitt sken
frusen i en sliten tvåa
med balkonger mot öster och väster
 i mitten av ett disigt Själa

V

Överlevnadsanalfabet

Jag skickades ut
med en hink
integritet
den tömdes
innan jag lärt mig
att till ordet
integritet
stava
döden
mörkret
lögnen
livet

Mot kanten ligger allt runt

Vågskvalpet i flaskan
höll drömmen
mellan klara gränser
inneslutet
låg löftet
det outtalade
jag drog en linje
som Columbus
med sina ägg
lösgjorde mig
från det kända
öppnade korken
och kastade loss
mot omätbar galenskap
jag skulle återvända
drucken av insikter
skulle jag bli betraktad
som en kartritare
skulle korken dängas ner i halsen
skulle avstånden jag klätt räknas
skulle jag flyta
skulle drömmen bära mig

Barfotadans

Kommer du ihåg gräset
hur det tog sig ner i din hals
och slog rot i ditt inre
kommer du ihåg
hur sommar smakar
och hur gränslöst grönt
verkligheten tedde sig
motviljan du ägde
att anlägga en viss ordning
växa upp
och förvägras
det nyckfulla
Kommer du ihåg det underliga i dig
hur ängarna en dag sågs ligga i raka linjer
hur skogsgränsen inte längre kunde anas
och med vilken förödande tydlighet
kalhygget låg där
anlagt och ordnat för produktiva cykler
hur det vuxna tog sig in
som ett grått kuvert utan fönster
som ett instängt föreliggande
om vad som komma ska, att betalas
och senare
insikten, det sorgsna
om hur detta inte går att förhindra
att leken förändras
att sommaren en dag tar slut
Kan du känna barnet inom dig
höra hur det river, kuvert och brev
i små, små bitar

frankera din hand
böj dig inåt
och posta ditt
return to sender
du behöver det
göra grimaser mot påbud och måsten
riva upp de till konfetti
dansa över gränslösa ängar
och låta gräset ta sig ner för din hals
och slå rot i ditt inre

Kamp

Ingen strid
är den andres lik
inget lidande
större eller mindre
än sitt eget ständiga
din kamp
kan aldrig läggas i vågskålen mot
min kamp
men bägge strider vi
för att orka
ta oss igenom
dagar med våra jag
utan att missbruka
utan att dräpa
oss, vi, själva
ser saker på sätt
som andra inte gör
känner har jag förstått
psykolog är inne
för att inte bli galen
röd prince och general
likaså
borta
på en mindre modell
av planeten Saturnus
står jag så i hennes vardagsrum
med knäna böjda
armarna rakt ut
nykter och nikotinfri
förälskat yr
balanserande
med arslet mot mitt världsallt
klappar hon sina händer

och tjuter ut
du lyckades, du lyckades
och det känns verkligen
som jag vunnit
ett
tappat
allt

Massan av allt

Jag såg en stjärna födas
inför dess ljusstyrka
slöt jag mina ögon
blickade inåt
djupt
för länge
utan syre
mötte jag mina ögonlock
såg rött
gå mot svart
hörde pulsen explodera
en doft
sprängolja
intet
mer

VI

Stigen

Du min stig mitt jag
under vilka tankar jag trampat
du min stig mitt jag
oansenlig ligger du
gråblyg
utanför ett villaområde
en passage
utan egentlig början
utan egentligt slut
en bottenlös avfallsficka
en bortslängd blindtarm
du min stig mitt jag
den väg jag delat
med det öde jag fann
utanför
med dig
innanför
mitt jag

Inga val

Utslängd på en gödselhög
obetydligt god
obetydligt ond
ur ingenting
dömd att förmultna
i varandets tomhetsnät
till gas mot allt
utan någonsin
ett ja, nej
eller kanske

I'm a bird

Smärglingen var avdelningen
där skägg slipades och kanter bröts
där bland gnistregnet i blå overaller
stod vi och tände eld på oss själva
för något vi inte trodde på
jag och min förste arbetsledare
han, som senare skulle bli min kastrattalande granne
och något av min mentor
"Jan-Axel", väste han fram
och sträckte fram sin hand
under de framträdande stålullsögonbrynen
låg asiatiska ögon och plirade vänligt
meteornedslaget på den mot halsen indragna hakan
fylldes till hälften av en sörja av saliv, snus och damm
och skvallrade om en andedräkt
som avkrävde ett visst avstånd
så när han sa: "börja du med balkarna"
kom min rörelse fullständigt naturligt, bort från
denne något av bygdens fredslösa man
han som gick till industrin ibland
sådär när som det passade honom själv
och när frågorna kom
de om var i helvetet han varit
kunde han säga saker som:
"jo, jag fick tillgång till en lyxkryssare
och bestämde mig för att besöka Aruba"
senare som granne klev jag över hans tröskel
tog mig över travar av proletären och började ifrågasätta
och jag frågade varför han aldrig ställde om klockor
frågade varför han kallade pannkakor för plätter
och tjockpannkaka för pannkaka
och vad han då kallade plättar
frågade varför han sa plugg då han menade potatis
varför han aldrig diskade ur stekpannan

eller brydde sig om klockor överhuvudtaget
vi gick igenom spelteori och livsfilosofi
och jag kände hans tysta acceptans
när jag kunde ana hur allt hörde samman
där vi satt med våra travprogram
bland pulverkaffe, röda prince och halvmeterhög reklam
arbetslösa och befriade från klockors krav
drömmande om det hastiga slaget
inte om lyx, bara en biljett ut ur systemet
och ett par månader senare
närvarade vi på en engelskalektion tillsammans
när vår lärare frågade:
"Jan-Axel what am I?"
hon stod där i sitt långa senapshår
och flaxade med sina armar
"I am a bird", sa Jan-Axel och gungade fram ett skratt
"Good Jan-Axel! Are you a bird too?"
"Yes I'm a bird", sa han och flaxade han med
"And you to a bird, we are birds"
Han gungade och flaxade
och kändes glad och fri
långt från slipdamm, klockor och mörker
och det blev tre månader med engelskalektioner
tre månaders dagliga konstateranden
av "I'm a bird" i en gungande stol
innan senare den hösten
när vi gick nerför trapporna
bort mot våra lägenheter en dag
det där slaget kom
det kom i formen av en lätt hostning
inget speciellt, en harkling
och han störtade mot marken
jag satte mig på huk vid hans huvud

såg att gropen var försvunnen
såg att linjerna i hans ansikte stramades ut i ett leende
och hur det silvriga brösthåret stod uppruggat
och tryckte ut silket i den svarta skjortan i en upphöjd svepning
ett japanskt lynne och en fågel dröjde sig värdigt kvar
innan den började skutta fram och tillbaka över hans ben
och med sin näbb drog ett fransat snöre ur ordningen

Strängt taget

Alla hänger vi
strävar och klättrar
i silkestrådar
mot satserna
en dörr som öppnas
en dörr som stängs
en suck
ett vinddrag
knappt förnimbart
streck i en blinkning
kondensskimmer
fast grundämne

Binär värk

Hur många dikter är nog
tio hundra tusen

oändligt med noll

när är det färdigt
när kan man säga

det räcker nu

det räcker
med en

födsel ur massa
jävla värk

en
denna var noll

en dov duns
i landstingshink

nollett

VII

VIII

Livet

En amfivandring
där till sist
endast Död
räds gå

Stekos

Jag föddes -44
året innan kriget tog slut
kanske för ung
för att betraktas
som riktigt gammal
även om du ser mig
som en del av det grå
men även jag har haft en mor
som kallat mig lillan
även jag har en gång lärt mig cykla
fladdrat i vinden och sökt efter en hand
som ett frigjort bibelblad
och blivit upplockad av en pappa
så har jag växt och vänt
gått vidare, och fått höra versen
jag älskar dig
som kärleksräls anläggas
mot djupet av mitt hjärta
bara för att senare rivas upp
i en meningslös incident
även jag har en gång
för den allra första gången
smakat smörigt stekta pannkakor
de, som min mamma formade
och lämnade kvar, frasigt speciella
även jag har faktiskt en historia
har haft drömmar och en orolig mamma
kom ihåg det innan du reducerar mig
till ett nummer
till ett namn
till för ung
för att kallas
riktigt gammal

kom ihåg det
när jag själv inte ens vet
att jag en gång föddes
när jag själv inte längre minns
att jag saknar
min egen mamma

När man ingenting vet

Vitt lödder skummar fram
när jag ber honom hosta
ta i, säger jag, bra
med pappershandduk
efter pappershandduk
efter pappershandduk
efter pappershandduk
frigör vi svalget från slem
och jag känner den där
underligt söta lukten av sjukdom
från djupet, välla upp
du gör det så bra säger jag
och ber honom sedan gapa
för att greppa
den gummiliknande sträng av slem
som fastnat på hans blödande tunga
ansiktet pulserar fyrkantigt av kräkreflexer
men tillsammans får vi ändå ut det
gud, så du gör det bra säger jag
och stryker honom med en fuktig handduk
runt hans mun, nedför hans hals
du skulle bara veta, säger han
du skulle bara veta
det insjukna ansiktet
mot den fluffiga kudden
vittnar om kontrasterna
grymheten
stroken slagit honom till
ytterligheterna
ena dagen tal på mässan
sedan trädgården
Skavlan, och vin med frun i soffan
och så den andra
det här

smaklös sängbundenhet
gurglande och pappershanddukar
och det låter distanserat och frånvänt
när jag säger, verkligen
du gör det så bra
och för in slangen mot hans PEG
och han sneglar ner
mot trehundra smaklösa kalorier
mot det som finns kvar
av hans mage
hans liv
hans längtan
hans värdighet
du skulle bara veta
du skulle bara veta, upprepar han
och det tar mig
jag äts upp av verkligheten
jag vet verkligen
ingenting
men jag kör igång matningen
hjulen snurrar
mot nästa möte
och jag hör mig själv säga
ha nu en bra dag
och allt känns bara orättvist och fel
men vad säger man egentligen
när man ingenting vet

Resan

När inget finns att hålla fast vid
mer än det skenande rusande
då bryter ålderskonduktören av
med ett nästa gräsliga
nästa passerade
nästa för helvetet
var god stig av
till sist hörs endast skramlet
den värdsliga flykten
det som en gång var också dig
med en tyst makulerad berättelse
att ensam hålla fast vid
biljetten är stämplad

Dödens korridor

Trött, klockan är 5:20
snart har jag sprungit en hel natt i dessa dödens korridorer
någon frågar efter mamma, vilken tid kommer hon
imorgon min vän, imorgon bitti, blir mitt svar

byter en blöja, försöker göra det värdigt, hålla en moral
en dement, förvirrad man rusar rakt in
utbrister var är vi, vad är det som smäller
är vi i Baghdad, Irak
nej min vän du är i Övik, närmare bestämt i Själevad
men jag tänker, han har nog ändå rätt
det kan nog te sig som Baghdad, Irak
döende människor, förvirrade i granatchock
folk som skriker efter mamma

sitter bredvid en kvinna vars liv håller på att rinna ut
hon rosslar som en vattenkokare när hon ansträngt andas
ringer hennes son, säger jag kan inte säga säkert
men jag tycker nog det är bäst du kommer nu
försöker låta värdig, tänka mig in,
detta är inte bara rum 126 utan en människa
någons mamma, vars liv är på väg att försvinna
håller hennes hand, stryker hennes hår

min sökare ger ifrån sig ett ilsket pip
hon tittar upp, förstår
så storslaget, förståelse i sin egen dödskamp
kan inte hitta ett mer passande ord än ett enkelt grandiost
föreställer mig dig som ung flicka, vem var du egentligen
vad drömde du om som ung, hoppas du hann med
nu ligger du här, jag sitter bredvid och trycker din hand

sonen kommer, hej mamma faller hans ord
en tröstande hand byts ut

jag rusar genom natten, vidare mot nästa uppgift
står på knä, tömmer en kateterpåse
kan inte låta bli att tänka
det luktar grönsakssoppa
urinen jag tömmer har en doft av redd grönsakssoppa
galna tankar å kopplingar,
ibland kan jag ångra att jag slutade röka

allt detta görs för pengar, detta kvitto på arbete
men mitt nattliga vandrande har skänkt mig något annat
en mycket större gåva än välfyllt konto på bank
en sorts ödmjukhet inför livet, vilken skatt
samt en känsla av att jag nog gör något bra

pansaret jag tidigare bar är borta
kanterna är rundare, mjukare på något sätt
nu står jag bättre rustad än någonsin tidigare
förberedd, redo för krig med mänskliga vapen
slår inte ner blicken för död

måste försöka distansera mig
men ändå vara medkännande
svårt, men annars bränner jag ut mig

hissen åker upp och ner på sjukhemmet
ingen är där, det är någon som klivit över
lämnat bygget, vill ta farväl

jag åker hem, lägger mig i min säng, somnar
min sista tanke blir, godnatt 126, sov gott
i morgon finns någon annan där

döden skrämmer mig inte längre
men jag har slutat åka hiss
jag går istället, utav respekt
hissen får vänta, tills det är min tur att åka
till stället där det är alltför långt att vandra

natt igen

en hiss som går, jag vandrar åter runt i dödens korridor

Känn livet

Det finns människor
som om nätter lägger händer mot fötter
människor, som letande smyger in under täcken
för att där känna om dödsspindeln börjat väva
sitt blåa strypande, spinnande från tår upp mot ben

det finns människor
som om nätter lägger händer mot fötter
de människorna har lärt mig
om livet som fötter har lärt mig
att känna och avgöra
när att ringa

det finns människor
som om nätter lägger händer mot kalla fötter
och en natt kommer också din telefon att ringa
och du kommer sömndrucket svara
och en mänsklig röst kommer där säga
att din mammas fötter nu börjar kännas väldigt kalla

Det tappade

Det kunde vara nerverna
åldern, drickandet eller cigaretterna
det som påverkade tarmarna
eller också var det karma
för något han inte förstod
men sammantaget
där låg det, allt han hade förlorat
slutligen också hans egen skit
hans förmåga att hålla sin avföring
och sköterskan hade berättat om nyttan av regelbundenhet
om toalettträning och olika patienters framsteg
om diskreta blöjskydd och antibakteriella underkläder
och han tyckte att det var en mycket trevlig sköterska
uppriktig och vän, som nog bara ville honom väl
men han förstod ändå att hon aldrig riktigt kunde förstå
precis som inte han heller en gång i tiden kunde
ingen, kan riktigt förstå känslan
av att inte längre kunna hålla sin egen avföring
förrän den ligger där och smetar mot ljumskarna
men han satte sig ändå som han alltid hade gjort
efter sin tredje mugg kaffe och sin femte Commerce
runt tio på sin toalett
han tog god tid på sig
och betraktade noga det som låg i hans blöja
innan han rev bort, omsorgsfullt vek ihop
och förpassade den i papperskorgen
sedan torkade han sig i arslet, spolade
och kände närvaron av det som förstod
det triangelformade huvudet med de bruna ögonen
det som fullständigt självklart satt och speglade honom
det hade blivit hög tid för morgontoaletten

Tidlöst

På min sökare gick larmet
kan du blanda en whisky med lite vatten till mig
sa den åldriga kvinnan med vibratoröst
självklart, sa jag
ställde i ordning och serverade
hon tog en klunk och grinade illa
klagade med klapprande tänder på hur vattnig den var
så jag gjorde en ny
fyllde upp ett dricksglas till hälften
öppnade vattenkranen
stängde den
lät två droppar beblanda sig med whiskyn
tog en sked och rörde om
sedan satte jag mig ner
bredvid henne i vargtimmen
och hon satt i sin morgonrock och drack ur sitt glas
och jag tänkte på vad hon
som etthundratvååring ägde
detta något
detta som var så länge sedan jag sett och känt
vad var det,
jag tittade på henne igen
fågelansiktet som klunkade whisky
hon vred lite på sig i välmående rysningar
gnisslade med sina löständer
och gjorde en djävulsk grimas
med sitt hängande kalkonliknande skinn
sedan sträckte hon över sitt tomma glas
rätade upp sig, tittade på mig
nickade lite åt köket till
och drog åt sin morgonrock

jag mötte upp hennes blick
tog mig in i de stålgrå ögonen
och där var det ju
under den marmorerade fängsloduken
den som låg kastad över den unga kvinnan
det jag sökte
det jag inte sett på så länge,
klass och anständighet

Snurr

Jag stiger upp och gör mina saker
dricker en espresso
dricker två, tre
och sedan ytterligare en kopp
innan jag tar min hund på en promenad
varefter ytterligare en kopp åker ner
sedan duschar och rakar jag mig
försöker äta något
och skickar ett hjärta i ett sms till min flickvän
kollar mitt blodsocker
läser ett par statusuppdateringar på facebook
tröttnar
lägger mig i sängen och läser Saeterbakken
känner glädjen av svärtan
känner glädjen av att känna något
fixar mina grejer inför nattjobbet
där jag gör mina vanliga och ovanliga saker
rusar runt
öppnar dörrar
hänger upp en påse fibervälling på en krok
ställer in maskinen
och plockar slem ur den stackars satens mun
startar sondmatningen
håller människor vid liv
byter tio till femton blöjor
tömmer kateterpåsar
lägger en arm runt en krum rygg
håller en hand som slutligt kallnar
stänger dörrar
öppnar dörrar
håller dem på glänt
i dödens väntrum
mottar jag samhällets smörjelse
håller mig själv vid liv

betalar mitt uppehälle
lägger mig
stiger upp
handlar mat
dricker espresso
försöker äta något
skickar ett hjärta
jobbar
sover
upprepar
håller mig vid liv
saker jag gör
utan att riktigt ha svar på varför
och senare den kvällen slår jag upp en stor whisky
jag dricker ur den i ett svep
och isen rämnar
innan jag slår upp en ny
och värmen blottlägger orden
framträder gör själva meningen
livet, från din födelseattest
en skuld du övertagit att betala

IX

Tapp

Likt skummet i ett urdrucket ölglas
klamrar sig fast vid en klar yta

grumlas mina tankar upp
när livets tapp fyller på

Likt skummet i ett urdrucket ölglas
klamrar sig fast vid en klar yta

grumlas mina tankar upp
när livets tapp fyller på

MIA

Anropet kommer
Charlie Foxtrot
en bombmatta av ord
men jag är trött att slåss
mot dig mot dig mot mig
inget undflyende universum
bara vägar till väggar
fyllda dansande tunnlar
genom gerilla, vietcong
mot en stjärnklar himmel
där världens alla marker
från förlorade pokerspel
glimrar som medaljer
av purpur till mitt hjärta
levras, utblommat bläck

Ingen vinner

Ingen synlig fiende
inga ärr eller medaljer
parader eller förståelse
bara pillerburkar
mot gränsland
finns där förevigt
nu inget mer än minnen
min kära vän frid
ditt krig är över
med dig mig själv jag saknar

Den dagen

Det vissa kallar liv
är för andra
en serie handlingar
en mörkläggning
vinklade persienner
med en evigt ringande telefon
ständiga dörrknackningar
och ögon genom borstade fack
som skriker ut hallå
virvlar i flaskor
ett gult fyllsjukt ljus
en sötsur lukt
ett sug i magen
en blitz
en helvetesskur
ett klocktorn i Dresden
fjortonde februari fyrtiofem
en klingande skälla
som absolutist
dinglande
i Churchills ur
ett bjällrande
en helvetisk kamp
en belägring
med en konsumtion
av hårda kanter
för att överleva
ett 07:36
och ett varför

Dinglande

Jag låg i det svarta havet
lyssnade till pulsen
och den värkande sången
den som min trötta lever sjöng
den där varje bubbla och vanföreställning
fanns uppspänt och målat
i min kropp likt en solkig duk
Champagne och Explorer
nu måste allt tvunget reverseras
transporteras ut
klarna i helvetets alla kval
och jag låg där och svettades
såg mitt människovärde avdunsta
nästan försvinna i självömkan
så sa min kvinna till mig
slutar du nu inte falla
ska jag skära av den allra sista fibern
som håller dig ovanför ditt mörker
jag ska skicka dig till helvetet
och det finns inte en chans för dig
att ta dig tillbaka, och allt detta
allt detta gör jag av kärlek till dig
det förstår du väl min fina
och jag svalde och svettades
och min lever sjöng
och det vidriga är att jag förstod allt detta
men ändå inte kunde
förmå mig själv avge löftet
om att leva

Whisky

Jag släcker ner
genom att tända
så tungt
att svarta hål
förblir i mitt ljus

stillsamt
guppande gult
tjugo meters djup
meditativt draggande
gammalt bruk

alltid går något
att tvinga till ytan
under tiden
sjunkbomber
faller

krusningar
kraftlöst ebbande
döende
kluckande viskningar
nedför svalget

75cl gul
hästvagnsmedicin
doppler satt ur spel
bara tryggt
öppet hav

X

Någons kärlek

Någon sa
att älska är att blunda
andas djupt
och välja att se
någon sa
det var du

Någon sa
att älska är att blunda
andas djupt
och välja att se
någon sa
det var du

Stumt

Det är alltid de tysta
som har något att säga,
det tysta som griper tag
likt en obekant manlig doft
och en flickväns nedfallna haka
hennes ögon
Little Boy-tårar
bombluckor som försluts
och en fallande punkt
ljusblixten,
innan ringandet,
innan knockouten,
innan förödelsen,
innan tystnaden,
efter orden,
vi måste prata.

Abstrakt vindskydd

Svalnade slaggprodukter
från kärleken
själva grundämnet
finns där av lust
drivet
rakt genom mig
och jag kan inte fly
genom mitt medvetande
genom min kropp
sitter den sista sylen
och söndrar mitt hjärta
för varje flämtning
skissas blod
mot en vit vägg
jag andas
Modern konst

Dynamon

Du skulle kunna vara
en gatlykta i Murmansk
en rykande askkopp i Bronx
ett LR20-batteri i Tora Bora
ytterlighetens sökande utpost
med något att berätta
men det spelar ingen roll
alla mina proppar har gått
men du bara fortsätter
och inget ljus kommer
och har heller aldrig
någonsin kommit
så snälla sluta spinna
jag står inte längre ut
koppla av, koppla ur
klart slut

Smält vinst

På tv4 börjar strax Vinnare

jag har två kvarglömda isbitar i frysen
fyra liter hyfsad whisky i mitt barskåp

och den ofattbart elaka kvinnan
med de ofattbart vackra blå ögonen

har dragit åt helvete

det är en hyfsad lördag
med två stålblå isbitar som brinner ner

XI

Tro inget annat

Var det en gammal vana
någon eller något från tidigare
kanske var det bara jag
som fick dig att kasta upp
tvingade dig att lägga
en jante-dimma
över allt som sas
men jag drog mina fingrar
över den kalla ytan
smakade på sältan
och när jag tittade upp
så satt du faktiskt där och log
ett av dina allra vackraste leenden

Levande charader

På andra sidan hastigheten
sorteras skillnaden
durkslaget fångar mötet
slaskar upp natten i dagen
dimman med kvinnan dunstar
knappar knäpps klickande
klipp klopp, klipp klopp
försvinner stövlarnas steg
jag dröjer kvar
på andra sidan hastigheten
med en bastuba av nykterhet
som speglande blåser ut
flyktens vätska

Stjärnfall

En kort undflyende eld
en historia
som inte längre finns
när vi tror oss se den
kanhända vara
det som händer
då vi vänder oss
mot mörkret
för enkla svar
snabb lindring
eller flykt
från våra
narcissistiska behag
vi står stumma
bakom en outtalad önskning
och återberättas
inför oss själva
en kort undflyende eld
förevigt
mot historien

Distanserande sken

I datorns sken satt jag skyddad
mot de meningslösa skratten
satt skyddad mot det burdusa rullandet
lögnerna som gick mellan åderbråcksmunnarna
de som sökte täta sprickor
sökte bygga nattlånga latrinbroar
för att få gräva i skrev
billiga som indianer i Grand Canyon
allt detta angick inte längre mig
jag ägde inte längre lusten
att tävla om en promenad
över stupet iklädd skyddsplast
men spyan regnade utanför
och jag kunde höra avföringen
slå mot mitt fönster
och jag drack ur mitt glas
och min skärm strålade oskyldigt
blå, som en obeslöjad sommardag

Gåvan

Där bor en ensamhet så stor
att den inte kan kläs i ord
och den sväljer alla ekon
men är samtidigt så liten
att den ryms i ett
urdrucket snapsglas
och jag antar att jag borde
vara tacksam över den
för i mina lyckligaste stunder
har jag inte hört mer
än en datorfläkt surra
och det är nog egentligen
en gåva, som aldrig kan bytas
eller mer ges bort
och kanske ska det inte vara så
och kanske borde jag
försöka ändra på det
men jag förmodar
att gåvan aldrig
går bort

XII

Speglande

Jag ser på världen
och detaljerna skaver
jag stirrar
och förblindas
jag gungar
och verkligheten överfaller mig
som om jag fann mig själv
med ett Hubbleteleskop
felslipad
utom räckhåll
utan mer att göra
annat än föra protokoll
notera min standardavvikelse
och lägga mig själv till handlingarna
våtslipar jag mina ögon
med det som finns där i djupet av mitt inre
hårda korn i en konvex desperation
och fram träder något uthärdligt
ett falskt fokus

Sårskorpor

Mot den blankpolerade ytan låg han
jag sökte honom
han slog upp sina riktiga ögon
och han sa
Gud, låt mig få vila
låt mig få vara
bortom, min törst
kan inte någon endaste människa förstå
att jag
jag, är så utled och trött
släpp mig bara loss
snälla, jag ber er
människa
som alla andra, bara gå
låt mig täckas i min höst
det liv vi tror oss veta
är ändå bara en dröm
en hinna på en blemma
huden runt en finne
som skal över solmogen frukt
en förälskelse
innan allt spricker
och verkligheten rinner ut, som ett sår
hans inflammerade ansikte
sökte sig återigen mot bordet
mot de stelnade blodfragmenten
som han nyss klöst bort
där pusslades hans panna

Tomhetsenzym

Jag ser ampullen fyllas
mitt melankoliska blod stiger
och det röda växer mot ytan
till vitt, skum
som ett pocherat ägg
liksom vibrerar det
ur ett punkterat skal
och jag tänker
det var väl en förjävla tur
att de fick ur mig det där
och sedan tänker jag
på allt annat jag tappats på
tomma båtvagnar
tomma barnvagnar
grävare utan skopor
dränerade gräsmattor
klotgrillar med glödande briketter
uteverandor och solcellslampor
och askar med ringar
på en yta av tjugofyra kvadratcentimeter
utan att hitta ett enda finger
som kan svälla fast där för evigt
och jag tänker
det kan väl inte finnas något mer
som de kan hitta
något mer som jag saknar
och slutligen fylls så röret
de drar ut nålen
fäster en valpetikett
låter en maskin gunga mitt blod
fakturerar
och upplyser mig om att det är min skyldighet
att återkoppla till mitt gungande blod för svar

Mättad strävan

Jag hade länge tänkt flytta
med bodde fortfarande kvar
trängde in som lervattnet
över gårdsplanens mättade grus
blickade grumligt
mot det som en gång var
där jag satt för två år sedan
med helt andra tankar
än de jag gick med nu
förr
fyra
fem
sex
sju år sedan
och tittade ut
på floderna
de melankoliska spår
som flöt över glaset
människorna som var på väg
de som hade lyckats formulera sitt lugn
i den enkla meningen
att göra rätt för sig
och så flöt tillvaron fram
som reflekterande stunder
över djupet
av en enhetlig dag

Bland band

Jag tog hand om fyllorna
beströk dem som små barn
matade dem med mitt inre
dukade upp mitt allt
och dekorerade med
ett pepparkorn av fröjd
några satt stilla
de blickade ut i allt och intet
frågade hur och varför
andra gjorde uppror
satte på sig grimaser
tände rebelliskt eld på sig själva
med camparifyllda släckare
blev fula som dödsansiktets
– jag hann inte med
en dag lämnade de mig så alla
med en igenslängd dörr
och jag tänkte var det allt
har allt detta verkligen hänt
var finns spåren efter mina band
frågan inneslöt sig
förblev obesvarad
tills du kom och öppnade dörren
befäste, genom att säga
”jag ser det i ögonen
du äger något
ett elastiskt seende
som skuggar sorg”
jag stelnade
kunde inget annat säga
mer än ”jaha”
vi gick vidare
du tog min hand
och töjde ur mig ett "tack"

Southern Comfort

Det är nyårsnatt
och mitt ansikte brinner av frusna rester
av det som kom och sedan försvann
ur det som aldrig blev
vätskas drömmen
bortom en kall trapp
avsatsen kräver att jag avlägsnar mig
och gör rum för en annan dag
så jag kröker mig upp
med hjälp av Southern Comfort
och kisar mot världen
som exploderar av löften
där står jag svajande
med nålar mot min hud
och genom mitt hjärta
passerar det som pesten
vad Céline skrev
om hur människan
är sin egen sjukdom
och spåren efter också mig fylls
blir till en driva över en tom gata
under ett gulaktigt sken finns jag
där driver Southern Comfort iväg

XIII

Smog

Det är den fjortonde februari
och skuggorna vinklas -
    idag redan kvart över fyra
och där på en vit plaststol med en Condal
känner jag pepprigheten gå runt
när jag tittar på hennes perfekta häck
där hon sträcker och klämmer med sina nypor
och hon vänder sig om, ler och säger sedan
du cigarrgubben, älsklingen min
socialstyrelsens rekommendationer
för att undvika långsiktiga skador på dina organ
är för länge sedan passerade
även om du inte tycker det är mycket
så är det faktiskt så
sedan ger hon mig lite av sin läppglans
och säger, jag är så otroligt rädd om dig
du måste lova att vara snäll mot dig själv
och jag dricker ur min San Miguel
och en bikinilös skugga drar förbi
tar vägen uppför trapporna
jag sitter kvar
och känner solen strävt spänna min hud
i torkrummet, det gula med himmelstaket
ja, i det jag kallar för kuben
sitter den som hon ser som hennes
Keruben
i skydd mot ökenvinden
där strålar jag mot socialstyrelsens missljus
känner mig trygg och smakar på det långsiktiga
kärleken
nuet

Uppbyggnaden

Strävan
hopplösheten
vaderna, som genom fötterna
packar asfalt
likt armerade betongsliprar
huvudvärken, ledan och självtvivlen
den bluddriga synen
som av svetten svider
dras ut och blir grå
cirklarna, trianglarna
de fyrkantiga blixtarna
fågelungarnas skrik
den befjädrade smärtan
och förvirringen
av det monotona vansinnet
och så slutligen
kroppens kapitulation
inför själens vilja

Och just där

lika distinkt
som när en torr gren knäcks
ligger segrarna, de viktiga
de som betyder något
de i själen funna
genom kampen sprungna
och för varje prasslande lövverk
för varje gren som knäcks
närmar sig formerna
som djur genom skogen
undflyende branden
av det som vår samtid dragit bort
mot dig drivs det

av den hundraprocentiga viljan
den långsamma febern
din strävan utan att kräva
ditt sätt att ödmjukt säga, jag är på väg
mitt mål är min känsla

Un caffè corretto alla grappa

Utan egentliga mål
strövar jag omkring
i det lilla italienska samhället
och fåglarna som badar i torgets fontän
påminner mig om min törst
så med bestämda steg korsar jag torget
mot skylten som hänger över de gamla cyklarna
och den rundlagda kvinnan bakom bardisken
tillsynes helt utan hals
med ett mörkt burrigt hår
serverar leende min birra rossa
och hon frågar om allt jag vet inte vad
men jag lyckas ändå att med de
tvåhundrafemtio ord som jag behärskar
få henne att förstå
att jag inte riktigt kan italienska
men att jag försöker lära mig
och då skiner hon upp än mer
och ber mig säga några ord
så jag tar en klunk av min kalla öl
som smakar gudomligt, beskt
med en sötma som dröjer sig kvar
och säger: "la balenottera azzurra"
- vilket är det första som går genom mitt huvud
och på svenska betyder blåvalen
kvinnan stannar upp med axlarna vid öronen
armarna utsträckta som en michelinjesus
innan hon så spricker ut i ett skratt
och börjar tjattra och fäkta med sina väldiga armar
och bakom mig hör jag
en rödhårig ärrad man, med blekta tatueringar
i ett skratt tjuta ut, "la balenottera azzurra!"
mannen och kvinnan pratar
jag förstår att de är ett par

och jag tar en klunk till av min öl
och säger: "l'uccello"
och sedan: "il gufo"
vilket i sin tur betyder
fågeln
och ugglan
och den rödhårige mannen
säger: "il gufo" och skrattar än högre
han kommer fram, klappar mig på ryggen
och frågar vad jag heter
och alla andra i lokalen följer efter
de rör sig mot mig
sträcker fram sina händer
vill presentera sig
och kvinnan bjuder på än det ena, än det andra
och det blir en trevlig eftermiddag
som går till natt, innan jag lämnar
med de nödvändigaste språkkunskaperna
utökade med minst femtio procent
och med exakt lika många euro
som jag hade då jag kom in
stiger jag ut med löftet att nästa dag återkomma
till vad som nu känns som sju nya vänner
för ännu en lektion i språk och liv
och med ett perfekt uttal från en mening
som innehåller allt det som vi lider sådan brist av
allt det som är så vackert med detta land
meningen lyder: "Un caffè corretto alla grappa"

Ett par

Las Vegas Premium Outlet - South
var stället jag köpte skorna på
ett par enkla bländvita Converse
och sedan dess har de trampat
två, tre, ja jag vet inte riktigt hur många
avgränsningar till ett och samma liv
men Las Vegas var stället de gicks in på
där satt jag och vickade med dem mot snurrstolen
inne på Ceasar Palaces pokerrum
och senare den kvällen gick jag med gummisulorna
över den psykedeliska heltäckningsmattan
den där som aldrig ville ta slut
bort mot Colosseum för att se Rod Stewart
inte för att jag nödvändigtvis ville
utan mer för att mitt ex ville
trehundratusen rasslande blingande steg senare
och tiotusenmeter över Nevadaöknen
med en Jack Daniels i min hand
på väg mot O'hare
minns jag hur jag svettades över tiden till en Röd Prince
och hur jag senare trampade ner min sista fimp
hur jag med gummisulan liksom försökte vrida ner
det som var kvar, en del av min identitet
tiden som rökare, efter några flygningar till
mot en kylig norrländsk asfalt
fimpen fortsatte trotsigt glöda då jag gick
jag trampade vardagar till snön föll med de skorna
till jag senare en sensommardag möttes av värmen
och en herre med min namnskylt på Marco Polo
han körde mig i limousine till Cortina D'Ampezzo
körde mig till människor jag aldrig förut träffat
där emottogs jag av sådan omtanke och generositet
att jag grät, då jag några dagar senare tvingades lämna dem
tårar regnade över skornas gummihätta

då jag tog farväl och satte mig på bussen mot Venedig
bland gränder, kanaler, turister, förälskade par
och mina tankar gick jag ensamt vilse
min nya familj, min nya fina italienska familj
sådan värme, sådan gästfrihet, sådan äkthet
helt utan baktankar, en nästan religiös upplevelse
kämpigt ekonomiskt men ändå så generösa
av anledningen, som de sa
tyckte jag var god och unik
och ibland tror jag på karma
åtminstone då sådana här saker händer
och jag tittar på de där numer grå skorna
och kanske är det all min sprit
spyorna som kastats upp mot mina skor
som nu tvingar mig att för resten av mitt liv
äta de här vita tabletterna
som tvingar mig att tänka på mitt blodsocker
kanske är det karma
för det jävulskap jag ställt till med
för de jag sårat
både medvetet och av oförstånd
för det har jag gjort
men det gör inget
jag ska försöka bli bättre, godare
och jag tar på mig ett par nya skor
och ringer min hälsomedvetna vän
den mjuka, empatiska
hon med de små
nästan dockliknande skorna
hon som mötte mina Converse
för första gången, under slutet av deras tid
hon som reste sig på tå och trippade upp för att nå
hon som lossade snörningen när hon kysste mig

och hon frågar vad jag gör
städar lite, säger jag
och ställer de en gång så vita i ett hörn
aldrig någonsin tänker jag slänga dem
en del skor borde man aldrig behöva byta ut

Biografi

Vad är viktigt
var det orden du läste
skrev eller sa
när nästa bladvändning
betyder epilog
vad är då viktigt
själv lyssnar jag
till författarens dotter
prat, en massa
formar två ord
autenticitet och lojalitet
och de sprakar som ett lok
mot en kontaktledning
en bitande januarinatt
ett ljussken på väg
i en absurd realitet
och när blad vänds
av författarens dotter
känns det
viktigt

Kärleken lämnar spår

Om sambandet mellan kärlek och kall materia
är mycket svårt att berätta

jag bär det mittemellan tal och hjärta
konkret nedsänkt, tassfast runt min hals

svänger det mot min hud
genom livet varmt och kallt

bevis på att godhet och lojalitet existerar
även inom ramarna av kall materia

finns där konstant nedlagt

spåret av gud
kärlekstrampet

tass i silver